BEI GRIN MACHT SICH IHR WISSEN BEZAHLT

- Wir veröffentlichen Ihre Hausarbeit, Bachelor- und Masterarbeit

- Ihr eigenes eBook und Buch - weltweit in allen wichtigen Shops

- Verdienen Sie an jedem Verkauf

Jetzt bei www.GRIN.com hochladen und kostenlos publizieren

Effektive Trainingsplanung für Ausdauertraining. Diagnostik, Zielsetzung und Mesozyklus-Gestaltung

Caya Michaely

Bibliografische Information der Deutschen Nationalbibliothek:

Die Deutsche Nationalbibliothek verzeichnet diese Publikation in der Deutschen Nationalbibliografie; detaillierte bibliografische Daten sind im Internet über http://dnb.d-nb.de abrufbar.

ISBN: 9783389026205
Dieses Buch ist auch als E-Book erhältlich.

Druck und Bindung: Books on Demand GmbH, Norderstedt Germany
Gedruckt auf säurefreiem Papier aus verantwortungsvollen Quellen

Das vorliegende Werk wurde sorgfältig erarbeitet. Dennoch übernehmen Autoren und Verlag für die Richtigkeit von Angaben, Hinweisen, Links und Ratschlägen sowie eventuelle Druckfehler keine Haftung.

Das Buch bei GRIN: https://www.grin.com/document/1473918

Deutsche Hochschule für
Prävention und Gesundheitsmanagement
Hermann-Neuberger-Sportschule 3
66123 Saarbrücken

Hausarbeit

Name, Vorname	Michaely, Caya
Studiengang	Sportökonomie
Studienmodul	Trainingslehre II
Datum Präsenzphase (siehe Ergebnisdokumentation)	**05.07. – 07.07.2021**

Inhaltsverzeichnis

1   Diagnose

1.1   Allgemeine und biometrische Daten

Tab. 1: Anamnese Herr W.

Parameter	Daten
Alter	38 Jahre
Geschlecht	männlich
Körpergröße	1,95 m
Körpergewicht	99 kg
Berufliche Tätigkeit	LKW Fahrer (nur Tagestouren)
Aktuelle sportliche Aktivitäten	Gelegentliches, unregelmäßiges Hobby Fußball spielen mit Freunden (ca. 3-4-mal im Monat)
Frühere sportliche Aktivitäten	Fußballtraining im Sportverein 3-mal wöchentlich je 1,5 h bis zum 20. Lebensjahr
Zeitlicher Verfügungsrahmen	Max. 3 mal pro Woche für jeweils max. 60 min
Trainingsmotive	Herr W. fühlt sich nicht mehr so fit und gesund und möchte das ändern, um dadurch das Risiko für Herz-Kreislauf-Erkrankungen und mögliche Rückenbeschwerden zu senken. Außerdem sucht er einen Ausgleich zu seinem Job, da er fast nur sitzt und dadurch körperlich nicht ausgelastet ist.
Regelmäßige Medikamenteneinnahme	keine
Raucher	nein
Orthopädische Beschwerden	Leichte Rückenschmerzen bedingt durch seinen Job
Sonstige gesundheitliche Einschränkungen	keine
Ärztliche Behandlungen	keine

Tab. 2: Bewertung biometrische Parameter Herr W.

Werte Herr W.	Normwerte	Bewertung
Blutdruck: 135/85 mmHg	optimaler Blutdruck: systolisch <120 mmHg, diastolisch <80 mmHg. Normaler Blutdruck: s. 120-129 mmHg, d. 80-84 mmHg. Hoch- normaler Blutdruck: s. 130-139 mmHg, d. 85-89 mmHg. Milde Hypertonie (Stufe 1): s. 140-159 mmHg, d. 90-99 mmHg. Mittlere Hypertonie (Stufe 2): s. 160-179 mmHg, d. 100-109 mmHg. Schwere Hypertonie (Stufe 3): s. >=180 mmHg, d. >=110 mmHg (Williams et al., 2018, S. 10)	Der Blutdruck von Herrn W. ist hochnormal und deutet darauf hin, dass Herr W. wenig körperlich aktiv ist
Ruhepuls: 85 S/min	Durchschnittlich: 60-80 S/min. Gut trainierte Sportler: 50-60 S/min. Leistungssportler: <50 S/min (Weineck, 2003, S. 50)	Herr W.'s Ruhepuls liegt über dem Durchschnitt und ist daher zu hoch. Dies deutet ebenfalls darauf hin, dass er nicht gut trainiert ist und selten Sport treibt

1.2 Leistungsdiagnostik/ Ausdauertestung

1.2.1 Auswahl des Fahrradergometertests

Mit Herrn W. wird ein IPN Test Ⓡ nach dem WHO Belastungsschema durchgeführt, weil er in der Voreinstufung aufgrund seiner erhöhten Puls- und Blutdruck- Werte und seines Alters als untrainiert eingestuft wird (IPN, 2004, S.4). Zudem hat er schon lange keinen regelmäßigen Ausdauersport betrieben und ist wenig körperlich aktiv. Um zu hohe Blutdruckspitzen zu vermeiden, wird daher das Belastungsschema der WHO angewendet.

1.2.2 Durchführung des Fahrradergometertests

Anhand des Alters und des Ruhepulses wird nun die Zielherzfrequenz festgelegt. Diese kann in einer Tabelle abgelesen werden und liegt für Herrn W. bei 145 S/min. Bei hoher sportlicher Aktivität kann noch ein Zuschlag addiert werden, was hier nicht der Fall ist. Die 145 S/min sind somit auch das Abbruchkriterium bei dem IPN Ⓡ Test.

Die Eingangsbelastung liegt bei 25 Watt und wird alle zwei Minuten um 25 Watt gesteigert. Die Herzfrequenz wird nach jeder Minute gemessen und aufgeschrieben. Wenn die Zielherzfrequenz erreicht ist, wird die Stufe noch zu Ende gefahren und dann wird der Test beendet. Wenn die Zieherzfrequenz mitten in einer Stufe erreicht wurde, muss zeitinterpoliert werden. Anschließend wird die Wattleistung durch das Körpergewicht geteilt. Die Wattleistung pro kg Körpergewicht wird dann anhand von Normwerten eingeordnet.

Tab. 3: Durchführung IPN Ⓡ Test Herr W.

Parameter	Daten
Alter	38 Jahre
Geschlecht	männlich
Eingangsbelastung	25 Watt
Stufendauer	2 Minuten
Belastungssteigerung	25 Watt
Trittfrequenz	60-80 U/min
Pulsobergrenze	145 S/min
Abbruchgrenze	145 S/min
Gewicht	99 kg
Ruhepuls	85 S/min
Blutdruck	135/85 mmHg

Tab. 4: Testprotokoll Herr W.

Testprotokoll	Datum: 14.07.2021		
Zeit (min)	Watt	Hf 1 (S/min)	Hf 2 (S/min)
1+2	25	91	96
3+4	50	104	107
5+6	75	112	115
7+8	100	121	127
9+10	125	132	136
11+12	150	141	145
Watt gesamt	150 W		
Watt/ kg	1,51 W/kg		

1.2.3 Bewertung des Ergebnisses

Anhand der Normtabelle für Männer (IPN, 2004, S.8) lässt sich ableiten, dass das Testergebnis von Herrn W. unterdurchschnittlich und er somit untrainiert ist. Aus der Normtabelle lässt sich ebenso der Belastungsfaktor ablesen, mit dem anhand der IPN ® Formel die Pulsobergrenze für das allgemeine aerobe Ausdauertraining berechnet werden kann. Allerdings eignet sich diese Formel nicht für konkrete Belastungsintensitäten verschiedener Trainingsmethoden und wird daher hier nicht angewendet.

Da er seit mehreren Jahren nicht mehr regelmäßig Sport betrieben hat, ist seine aerobe Ausdauerleistungsfähigkeit im Vergleich zu anderen Männern in seinem Alter unzureichend. Um den Durchschnitt zu erreichen, müsste sein Testergebnis bei mindestens 1,8 W/kg liegen.

1.3 Gesundheits- und Leistungsstatus der Person

Herr W. hat keine größeren gesundheitlichen Einschränkungen oder Erkrankungen, sein etwas erhöhter Blutdruck und Ruhepuls lassen sich durch ein regelmäßiges Training wieder stabilisieren. Unter anderem durch seinen Beruf hat er sich in den letzten Jahren wenig körperlich betätigt, wodurch das Risiko für Herz-Kreislauf-Erkrankungen, Rückenbeschwerden etc. steigt. Daher wird er als Anfänger eingestuft und sollte sein Training mit leichten Intensitäten und geringem Umfang beginnen, um den Körper wieder an mehr Bewegung und Sport zu gewöhnen. Danach sind aber auch Steigerungen möglich, da er generell gesund ist und in seiner Kindheit und Jugend immer regelmäßig Sport getrieben hat. Durch ein regelmäßiges Training kann er wieder fit werden und seinen Gesundheits- und Leistungszustand deutlich verbessern.

2 Zielsetzung/ Prognose

Tab. 5: Zielsetzung Herr W.

Nummer	Inhalt	Ausmaß	Zeit
1.	Senkung des Blut-drucks	Um 10 mmHg systo-lisch und 5 mmHg di-astolisch	In 4 Monaten
2.	Senkung des Ruhe-pulses	Um 5 S/min	In 6 Monaten
3.	Steigerung in dem IPN® Ausdauer Test nach WHO Be-lastungsschema	Um 25 Watt (eine Stufe)	In 8 Wochen

Begründung 1. Ziel:

Herr W. möchte erreichen, dass sein Blutdruck wieder im normalen Bereich liegt, damit sein Risiko für Herz-Kreislauf-Erkrankungen sinkt. Dadurch soll sich auch seine Durch-blutung und sein Stoffwechsel verbessern. Außerdem trägt dies dazu bei, dass er sich insgesamt wieder fit und gesund fühlt. Auch der erhöhte Kalorienumsatz trägt dazu bei, das Risiko für Herz-Kreislauf-Erkrankungen zu verringern.

Begründung 2. Ziel:

Die Senkung seines Ruhepulses sorgt dafür, dass sein Herz entlastet wird und weniger arbeiten muss. Dies steigert seine körperliche Leistungsfähigkeit auch unter Belastung, so kommt er z.B. beim Treppensteigen nicht mehr so schnell aus der Puste. Zudem wird sein Immunsystem gestärkt.

Begründung 3. Ziel:

Um gesünder und sportlicher zu sein und einen Ausgleich zum bewegungsarmen Alltag zu haben, möchte Herr W. seine Ausdauerleistungsfähigkeit verbessern und dies mit dem IPN® Test dokumentieren. Ihm ist es wichtig, mindestens im Durchschnitt zu liegen und er hat sich daher zum Ziel gesetzt, 25 Watt mehr in 8 Wochen zu schaffen. Dann läge er schon sehr nah an dem Durchschnitt in seiner Altersklasse. Außerdem verbessert er so seine Grundlagenausdauer und kommt auch bei Alltagsbelastungen besser zurecht. Zudem motiviert ihn dieses und auch die anderen Ziele, weiter dabei zu bleiben und nicht aufzugeben.

3 Trainingsplanung Mesozyklus

3.1 Grobplanung Mesozyklus

Tab. 6: Grobplanung Mesozyklus Herr W.

Mesozyklus Herr W.	
Dauer des Mesozyklus	6 Wochen
Übergeordnete spezifische Trainingszielsetzung für das Ausdauertraining	Aufbau der Grundlagenausdauer (GA1)
Angestrebter wöchentlicher Gesamttrainingsumfang in Minuten	30-75 Minuten
Vorgesehene Trainingsmethoden für den Mesozyklus	Extensive Dauermethode (DM) Variable Dauermethode (DM)
Vorgesehene Belastungsintensitäten für den Mesozyklus in Prozent von der Hfmax	60-70% Hfmax (extensiv) 60-75% Hfmax (variabel)
Trainingshäufigkeit pro Woche	2-3-mal
Trainingsdauer für die Trainingseinheiten	15-30 min (extensiv) 15-30 min (variabel)
Vorgesehene Ausdauertrainingsgeräte	Fahrrad, Laufband (Walking, Jogging)

3.2 Detailplanung Mesozyklus

Tab. 7: Detailplanung Mesozyklus Herr W.

Woche 1	Montag	Donnerstag	
Trainingsziel	GA 1	GA 1	
Trainingsmethode	Extensive DM	Extensive DM	
Trainingsintensität in Prozent von der Hfmax	60-65% Hfmax	60-65% Hfmax	
Trainingsherzfrequenzen in S/min	97-105 S/min	109-118 S/min	
Trainingsdauer in Minuten	15 min	15 min	
Verwendete Ausdauertrainingsgeräte	Fahrrad	Laufband (Walking)	
Woche 2	**Montag**	**Mittwoch**	**Freitag**
Trainingsziel	GA 1	GA 1	GA 1
Trainingsmethode	Extensive DM	Variable DM	Extensive DM
Trainingsintensität in Prozent von der Hfmax	60-65% Hfmax	60-65% Hfmax ext. Bereich 65-70% Hfmax int. Bereich	60-65% Hfmax
Trainingsherzfrequenzen in S/min	109-118 S/min	109-118 S/min ext. Bereich 118-127 S/min int. Bereich	97-105 S/min
Trainingsdauer in Minuten	15 min	15 min (5:5)	15 min
Verwendete Ausdauertrainingsgeräte	Laufband (Walking)	Laufband (Walking & Jogging)	Fahrrad
Woche 3	**Montag**	**Mittwoch**	**Freitag**
Trainingsziel	GA 1	GA 1	GA 1
Trainingsmethode	Extensive DM	Variable DM	Extensive DM
Trainingsintensität in Prozent von der Hfmax	60-65% Hfmax	60-65% Hfmax ext. 65-70% Hfmax int.	60-65% Hfmax
Trainingsherzfrequenzen in S/min	109-118 S/min	109-118 S/min ext. 118-127 S/min int.	97-105 S/min
Trainingsdauer in Minuten	20 min	20 min (5:5)	15 min
Verwendete Ausdauertrainingsgeräte	Laufband (Walking)	Laufband (Walking & Jogging)	Fahrrad

Woche 4	Montag	Mittwoch	Freitag
Trainingsziel	GA 1	GA 1	GA 1
Trainingsmethode	Extensive DM	Extensive DM	Extensive DM
Trainingsintensität in Prozent von der Hfmax	60-65% Hfmax	60-65% Hfmax	60-65% Hfmax
Trainingsherzfrequenzen in S/min	97-105 S/min	109-118 S/min	97-105 S/min
Trainingsdauer in Minuten	15 min	15 min	15 min
Verwendete Ausdauertrainingsgeräte	Fahrrad	Laufband (Walking)	Fahrrad
Woche 5	**Montag**	**Mittwoch**	**Freitag**
Trainingsziel	GA 1	GA 1	GA 1
Trainingsmethode	Extensive DM	Variable DM	Extensive DM
Trainingsintensität in Prozent von der Hfmax	65-70% Hfmax	65-70% Hfmax ext. 70-75% Hfmax int.	65-70% Hfmax
Trainingsherzfrequenzen in S/min	118-127 S/min	118-127 S/min ext. 127-137 S/min int.	105-113 S/min
Trainingsdauer in Minuten	20 min	25 min (5:5)	20 min
Verwendete Ausdauertrainingsgeräte	Laufband (Walking)	Laufband (Walking & Jogging)	Fahrrad
Woche 6	**Montag**	**Mittwoch**	**Freitag**
Trainingsziel	GA 1	GA 1	GA 1
Trainingsmethode	Extensive DM	Variable DM	Extensive DM
Trainingsintensität in Prozent von der Hfmax	65-70% Hfmax	65-70% Hfmax ext. 70-75% Hfmax int.	65-70% Hfmax
Trainingsherzfrequenzen in S/min	118-127 S/min	118-127 S/min ext. 127-137 S/min int.	105-113 S/min
Trainingsdauer in Minuten	25 min	30 min (5:5)	20 min
Verwendete Ausdauertrainingsgeräte	Laufband (Walking)	Laufband (Walking & Jogging)	Fahrrad

3.3 Begründung zum Mesozyklus

3.3.1 Begründung zum angestrebten wöchentlichen Belastungsumfang

Da Herr W. als Beginner eingestuft wird, wurde dieser Trainingsplanung das Gesundheits-Minimalprogramm zugrunde gelegt. Das bedeutet, dass mit so wenig Aufwand wie
möglich, größtmögliche gesundheitliche Anpassungen erreicht werden. Herr W.'s Ausdauerleistungsfähigkeit wurde im Test als unterdurchschnittlich bewertet, weswegen er
zu der Zielgruppe des Minimalprogramms gehört. Dort wird eine ungefähre Belastungszeit von 60 Minuten pro Woche vorgeschlagen (Zintl & Eisenhut, 2001, S. 137). Herr W.
fängt mit 30 Minuten pro Woche an und steigert sich in Woche 5 und 6 auch über die 60
Minuten hinaus, da ab der 4. Trainingswoche mit Anpassungen zu rechnen sind. Da er in
seiner Jugend und im frühen Erwachsenenalter sehr regelmäßig Ausdauersport betrieben
hat, ist die Wahrscheinlichkeit von schnellen körperlichen Anpassungen hoch, sodass
diese Steigerungen für ihn kein Problem darstellen sollten. Daher ist der wöchentliche
Belastungsumfang für den Mesozyklus auf maximal 75 Minuten begrenzt. In den ersten
Wochen muss sich sein Körper erst wieder an die Belastung gewöhnen, weswegen hier
eine kürzere wöchentliche Belastungszeit gewählt wurde.

Zudem möchte Herr W. ergänzend zu dem Ausdauertraining auch ein regelmäßiges
Krafttraining absolvieren, um besonders seine Rumpf- und Rückenmuskulatur zu stärken.
Da seine verfügbare Zeit pro Woche allerdings limitiert ist, muss dies bei der Trainings-
planung ebenfalls berücksichtigt werden.

3.3.2 Begründung zu den ausgewählten Trainingsmethoden

Für den Mesozyklus von Herrn W. wurde als Basis die extensive Dauermethode gewählt,
da dies die wichtigste Methode darstellt, um eine Grundlagenausdauer aufzubauen (GA
1) (Hottenrott, 2006). Sie ist aufgrund der niedrigen Intensitäten sehr gut für Anfänger
geeignet und vermeidet zu hohe Belastungen oder Blutdruckspitzen. Im GA1-Bereich
geht es vorerst darum, die Herz-Kreislauf-Arbeit zu ökonomisieren und den Fettstoffwechsel zu aktivieren. Dadurch wird die aerobe Ausdauerleistungsfähigkeit erhöht.

Die extensive Dauermethode hat viele positive Auswirkungen auf die Gesundheit, dazu
zählen u.a. die Senkung des Blutdruckes und des Ruhepulses (Zintl & Eisenhut, 2001).

Dies sind auch zwei Ziele von Herrn W., da seine Werte leicht erhöht sind. Daher eignet sich die extensive Dauermethode sehr gut für sein gesundheitsorientiertes Ausdauertraining und die Erreichung seiner Ziele.

Zudem wurde eine weitere Methode ausgewählt, um einen Methodenmix in den Mesozyklus zu integrieren. Dies ist die variable Dauermethode, die ebenfalls dem GA1-Bereich zuzuordnen ist. Die Kombination hat den Vorteil, dass Herr W. etwas Abwechslung in seinem Trainingsplan hat und dadurch seine Motivation hoch gehalten wird. Außerdem verbessert auch die variable Dauermethode die Herz-Kreislauf-Arbeit und den Stoffwechsel und hat viele positive, gesundheitliche Auswirkungen (Zintl & Eisenhut, 2001). Da die extensive Dauermethode die Basis ist, wird diese hauptsächlich als Methode im Training von Herrn W. genutzt (ca. 2 Drittel) und die variable Dauermethode stellt eine Ergänzung dar (ca. 1 Drittel).

3.3.3   Begründung zur Belastungsprogression

Nach der Grundregel: Häufigkeit vor Umfang vor Intensität! wurde in der zweiten Woche zunächst die Trainingshäufigkeit auf 3-mal pro Woche erhöht. Da Herr W. maximal 3-mal pro Woche Zeit hat, wurde in den darauffolgenden Wochen der Umfang langsam gesteigert. Zu Beginn sind die Trainingseinheiten mit 15 Minuten sehr kurz und erhöhen sich dann auf maximal 30 Minuten, da Herr W. ein Anfänger ist und sich an dem Gesundheits- Minimalprogramm orientiert wird. Sein Körper muss sich langsam an eine dauerhafte Belastung gewöhnen. In der vierten Woche ist der Umfang wieder etwas niedriger geworden, da man maximal 3 Wochen mit ansteigender Belastung trainieren und dann eine entlastende Trainingswoche auf niedrigerem Niveau einbauen sollte. In der darauffolgenden Woche startet Herr W. dann auf einem höheren Niveau und kann auch die Intensität etwas steigern, da sich bereits nach vier Wochen durch erste positive Anpassungen der Leistungs- und Gesundheitszustand verbessert. Zwischen den Trainingstagen ist immer ein Tag Pause eingeplant, um nach dem Prinzip der optimalen Relation zwischen Belastung und Erholung ein effektives Training zu gestalten.

Auch innerhalb einer Trainingswoche ist immer eine Trainingseinheit mit geringerem Umfang eingeplant (Freitag), damit Herr W. nicht überlastet wird.

Bei der variablen Dauermethode gibt es immer einen Wechsel zwischen Walken und Joggen im 5 Minuten Takt. Durch den Belastungswechsel wird Herr W. langsam an das Joggen herangeführt.

Die Trainingsintensitäten orientieren sich ebenfalls an dem Gesundheits-Minimalprogramm und der jeweiligen Methode. Bei der extensiven Dauermethode liegen die Intensitäten zwischen 60 und 70% der Hfmax und bei der variablen Dauermethode zwischen 60 und 75% der Hfmax. Da er untrainiert ist und eine zu hohe Belastung auf das Herz-Kreislauf-System vermieden werden soll, werden keine höheren Intensitäten in dem Mesozyklus geplant. Die konkreten Trainingsherzfrequenzen für Herrn W. werden anhand der Formel des American College of Sports Medicine (ACSM, 2000a) berechnet. Es werden immer Pulsober- und –untergrenzen angegeben, da man die Herzfrequenz nicht ganz genau steuern kann und diese immer etwas schwankt. Bei der variablen Dauermethode wird die Trainingsherzfrequenz jeweils für den extensiven und den intensiven Bereich angegeben.

Die kontinuierliche Steigerung der Häufigkeit, des Umfanges und der Intensität sind wichtig, um einen trainingswirksamen Reiz zu setzen. Nur so kann Herr W. seine Ausdauerleistungsfähigkeit verbessern und seine Ziele erreichen.

3.3.4   Begründung zu den angesteuerten Trainingsbereichen

Herr W. trainiert in diesem Mesozyklus nur in dem Bereich Grundlagenausdauer 1, da er Anfänger ist und erstmal seine Grundlagenausdauer wieder aufbauen und stabilisieren muss. Im Grundlagenausdauerbereich 2 geht es um die Entwicklung der Grundlagenausdauer und dort sind die Trainingsumfänge und –intensitäten schon deutlich höher, weswegen dieser Bereich für Anfänger nicht geeignet ist (Hottenrott, 2006).

Der GA1 Bereich ist durch geringe Intensitäten und einen hohen Umfang gekennzeichnet und passt daher zu den ausgewählten Trainingsmethoden. Außerdem aktiviert ein Training im GA1 Bereich den Fettstoffwechsel und stabilisiert das Herz-Kreislauf-System, wodurch Herr W. seinen Gesundheits- und Leistungszustand verbessern kann (Neumann et al., 2007, S. 141). Durch das Training im GA1 Bereich kann der Blutdruck und der Ruhepuls gesenkt werden, sodass Herr W. seinen Zielen ein Stück näher kommt.

Ein REKOM Training benötigt Herr W. nicht, da zwischen seinen Trainingstagen immer ein Tag zur Erholung eingeplant ist und er kein intensives Training absolviert.

3.3.5   Begründung der ausgewählten Ausdauergeräte

Für den Mesozyklus von Herrn W. wurden zwei Ausdauergeräte gewählt: das Fahrradergometer und das Laufband (Walken, Joggen). Das Fahrradergometer ist ein gutes Ein-
stiegsausdauergerät, da die Bedienung sehr einfach ist und die Bewegungsabläufe nicht
kompliziert. Eine körperliche Überforderung ist daher eigentlich kaum möglich. Zudem
wurde das Fahrradergometer auch in dem Ausdauertest von Herrn W. genutzt, weswegen
es für weitere Testungen sinnvoll ist, das Fahrradergometer in den Trainingsplan mit ein-
zubauen.

Um das Training abwechslungsreicher zu gestalten, wurde als weiteres Ausdauergerät
das Laufband ausgewählt. Dieses hat den Vorteil, dass Herr W. nicht sitzt, da er dies auch
so schon die meiste Zeit des Tages tut und es wird ein größerer Anteil seiner Muskeln
beansprucht, wodurch das Training anstrengender wird und sich der cardiopulmonale
Trainingseffekt erhöht. Dadurch steigt sein Kalorienumsatz (Reim, 2001) und seine Be-
wegungskoordination wird geschult. Da die Bewegung auf dem Laufband deutlich
schwerer ist, beginnt Herr W. mit Walking und steigert sich dann im variablen Training
durch kurze Jogging Etappen, damit sein Körper sich an die ungewohnte und koordinativ
anspruchsvolle Belastung gewöhnen kann. So werden Überlastungen und Blutdruckspitzen vermieden.

Da der Spaß beim Training ebenso eine wichtige Rolle spielt, wurde Herr W. nach seinen
individuellen Vorlieben gefragt. Ihm war es wichtig, zusätzlich zu dem Fahrrad ein weiteres Ausdauergerät in den Trainingsplan zu integieren, bei dem die Bewegung stehend
ausgeführt wird. Ob dies das Laufband oder der Crosstrainer ist, war für ihn dabei nicht
so relevant.

Daher wurden aus den vorab genannten Gründen das Laufband und das Fahrradergometer
für Herrn W. ausgewählt.

4   Literaturrecherche

Tab. 8: Zwei Studien zu den Effekten des Ausdauertrainings bei arterieller Hypertonie

	Studie 1 – „Effects of 12-week brisk walking training on exercise blood pressure in elderly patients with essential hypertension: a pilot study"	Studie 2 – „Effects of continuous vs. interval exercise training on blood pressure and arterial stiffness in treated hypertension"
Wer hat die Studie durchgeführt?	He LI, Wei Wang Ren, Can Zhao	Guimarães GV, Ciolac EG, Carvalho VO, D'Avila VM, Bortolotto LA, Bocchi EA.
Jahr der Publikation	2018	2010
Forschungsfrage	Können aerobe Trainingsprogramme mit unterschiedlichen Intensitäten den Blutdruckanstieg reduzieren?	Welchen Effekt hat kontinuierliches und Intervall Training auf die arterielle Steifigkeit und den Blutdruck bei Hypertonikern?
Versuchspersonen	Patienten mit Hypertonie aus dem Baoshan Community Health Service Center, insgesamt 46 Personen und 23 Personen mit normalen Blutdruck	65 Patienten mit Bluthochdruck

	Studie 1 – „Effects of 12-week brisk walking training on exercise blood pressure in elderly patients with essential hypertension: a pilot study"	Studie 2 – „Effects of continuous vs. interval exercise training on blood pressure and arterial stiffness in treated hypertension"
Versuchsaufbau	Die 46 Patienten wurden per Zufall in zwei Gruppen eingeteilt: die Kontrollgruppe nahm nicht an dem Bewegungstraining teil und die Behandlungsgruppe nahm an einem 12-wöchigen Training teil. Bei dem Training wurde 3-mal pro Woche für 60 Minuten zügig gegangen. Vor und nach der Intervention wurden 3-Minuten-Schritt-Tests mit hoher und niedriger Intensität durchgeführt. Zum Vergleich gab es noch die Gruppe mit 23 Personen, die einen normalen Blutdruck haben und nicht an dem Training teilgenommen haben.	Eine Gruppe mit 26 Personen erhielt 16 Wochen lang ein kontinuierliches Bewegungstraining, die andere Gruppe mit 26 Personen ein 16-wöchiges Intervalltraining und 13 Personen hatten eine sitzende Tätigkeit. Das Training fand zwei mal pro Woche in 40 min statt. Vor und nach den 16 Wochen wurde die arterielle Steifigkeit durch die karotidal-femoralen Pulswellengeschwindigkeit gemessen und der Blutdruck wurde 24-stündig gemessen.
Relevante Ergebnisse und Schlussfolgerungen	.Der Blutdruck hat sich in der Behandlungsgruppe reduziert (in Ruhe um ca. 8 mmHg), ebenso die Herzfrequenz und der Körperfettanteil. Zügiges Gehen kann das Ausmaß des Blutdruckanstiegs während körperlicher Betätigung unterschiedlicher Intensität reduzieren und möglicherweise das Risiko akuter kardiovaskulärer Zwischenfälle bei älteren Patienten mit arterieller Hypertonie vermindern.	Der Blutdruck war nur bei den Probanden mit höheren Basalwerten signifikant gesunken und war unabhängig von der Trainingsmodalität. Die arterielle Steifigkeit hingegen war nur bei der Gruppe mit dem Intervalltraining signifikant gesunken. Kontinuierliches und intervallmäßiges Bewegungstraining waren vorteilhaft für die Blutdruckkontrolle, aber nur das Intervalltraining reduzierte die arterielle Steifigkeit bei den behandelten hypertensiven Personen.

5 Literaturverzeichnis

American College of Sports Medicine. (2000a). *ACSM's Guidelines for Exercise Testing and Prescription* (6. Aufl.). Philadelphia: Williams & Wilkins.

Guimarães GV, Ciolac EG, Carvalho VO, D'Avila VM, Bortolotto LA, Bocchi EA. (2010). *Effects of continuous vs. interval exercise training on blood pressure and arterial stiffness in treated hypertension.* Hypertens Res. PMID: 20379194.

He LI, Wei WR, Can Z. (2018). *Effects of 12-week brisk walking training on exercise blood pressure in elderly patients with essential hypertension: a pilot study.* Clin Exp Hypertens. PMID: 29363988.

Hottenrott, K. (2006). *Trainingskontrolle mit Herzfrequenz-Messgeräten* (1. Aufl.). Aachen: Meyer & Meyer.

Institut für Prävention und Nachsorge. (2004). *IPN Ⓡ-Test - Asdauertest für den Fitness- und Gesundheitssport.* Köln: Institut für Prävention und Nachsorge (IPN).

Neumann, G., Pfützner, A. & Berbalk, A. (2007). *Optimiertes Ausdauertraining* (5. überarb. Aufl.). Aachen: Meyer & Meyer

Reim, F. (2001). *Kardiopulmonale, metabolische und subjektive Beanspruchung beim gesundheitsorientierten Ausdauertraining an unterschiedlichen Indoor-Cardiogeräten* (Berichte aus der Sportwissenschaft). Zugl.: Bayreuth, Univ., Diss., 2001. Aachen: Shaker.

Weineck, J. (2003). *Ausdauertraining. Trainingsteuerung über die Herzfrequenz- und Milchsäurebestimmung.* Balingen: Spitta

Williams, B. et al. (2018). ESC/ESH Guidelines for the management of arterial hypertension. In: *European Heart Journal*, Vol. 39, Nr. 33, S. 3021-3104

Zintl, F. & Eisenhut, A. (2001). *Ausdauertraining. Grundlagen Methoden Trainingssteuerung* (5. überarb. Aufl.). München: BLV.

6 Tabellenverzeichnis